Impressum
Verlag: BABADADA GmbH, Nedderfeld 112 , 22529 Hamburg
Geschäftsführer / Verlagsleitung: Harald Hof
Druck: Books on Demand GmbH, In de Tarpen 42, 22848 Norderstedt

Imprint
Publisher: BABADADA GmbH, Nedderfeld 112 , 22529 Hamburg, Germany
Managing Director / Publishing direction: Harald Hof
Print: Books on Demand GmbH, In de Tarpen 42, 22848 Norderstedt, Germany

sef
daree

parkirin
hirii

786/2

texte
gabatee

mamoste
barsiisaa

hewşa dibistanê
dallaa mana baruun

kaxez
warqaa

nivîsandin
barreessuu

pênivîsk
qalama

mase
minjaala

rastek
sarartuu

pirtûk
kitaaba

xwendek
barataa

çewal

korojoo baattamu

qûtî nivîstok

teessoo irsaasii

qelemrisas

irsaasii

nivîstok tûjkir

qartuu irsaasii

jêbir

haqxuu

ferhenga dîtbarî

kuusaa jechootaa mullataa

nivîska nîgarê

paadii fakkii

nîgar

fakkii

firçeya rengê

burusha halluu

qûtî reng

saanduqa halluu

meqes

maqasa

lezaq

maxxansituu

pirtûka fêrbûn

daftara

wezîfa malê

hojii manaa

hejmar

lakkoofsa

zêdekirin

ida'ii

derxistin

hir;isi

zêdekirin

bay;isi

hesibandin

heerregii

tîp

xalayaa

alfabe

tarree qubee

hello

peyv	nivîsê	xwandin
jecha	kitaaba barataa	dubbisuu
geç	ders	qeydkirin
biroonkii	baruumsa	galmeessuu
îmtîhan	şehade	kinca dibistanê
qormaata	raga barreeffamaa	uffata mana baruumsaa
perwerdehî	zanistname	zanîngeh
barnoota	insaaykiloopeediyaa	yuunivarstii
mîkroskûp	xerîte	sepeta kaxezê
maaykiroos kooppii	kaartaa	qircaata gatoo

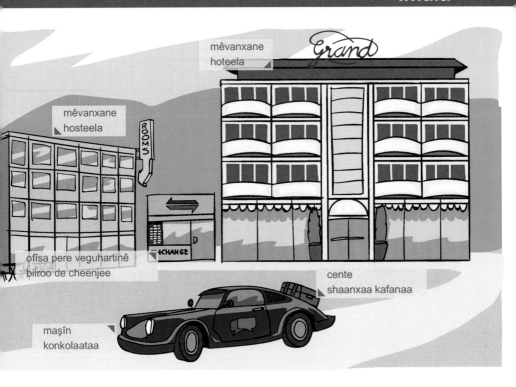

mêvanxane
hoteela

mêvanxane
hosteela

ofîsa pere veguhartinê
biiroo de cheenjee

cente
shaanxaa kafanaa

maşîn
konkolaataa

ziman

afaan

belê / na

eyyeen / mitii

baş

haa ta'u

silav

heloo

wergêra nivîskî

turjmaana

sipas

galatoomaa

bihayê ... çi qase?

meeqa

ez fam nakim

naaf hingalle

pirsgirêk

rakkoo

êvarbaş!

akkam ooltan

beyanî baş!

akkam bultan?

şev baş!

halkan gaarii

xatirê te

nagaatti nagaatti

alî

kallattii

hûrmûr

ba'aa imalaa

çente

korojoo

çente pişt

ba'aa dugdaa

mêvan

keessummaas

ode

kutaa

came xew

korojoo hirriibaa

çadir

dukkaana

agagiyên gerokan

odeeffannoo turistii

rexê avê

qarqara haroo

kartê qerzê

kireedit kaardii

taştê

ciree

firavîn

laaqana

şîv

irbaata

kart

tikkeetii

asansor

liiftii

pûl

chaappaa

tixûb

daangaa

gumirk

barmaatilee

balyozxane

embaasii

vîza

viizaa

pasaport

paasspoortii

guhaztin
geejiba

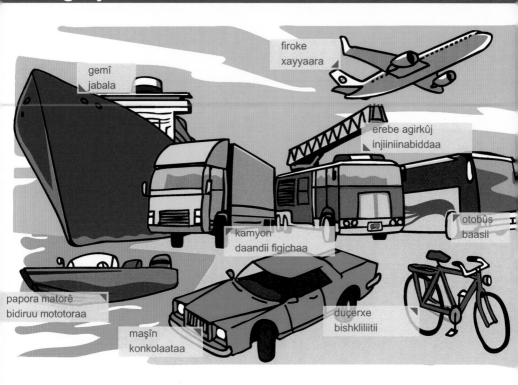

firoke
xayyaara

gemî
jabala

erebe agirkûj
injiiniinabiddaa

otobûs
baasii

kamyon
daandii figichaa

papora matorê
bidiruu mototoraa

maşîn
konkolaataa

duçerxe
bishkliliitii

papor

bidiruu deeddebii

papor

bidiruu

motorsîklêt

doqdoqqee

trimbêla polîsê

konkolaataa foolisaa

trimbêla pêşbaziyê

konkolaataa dorgommii

erebe kirêkirinê

konkolaataa kiraa

maşîn pervekirin

konkolataa waliin gahuu

kamyona kişandinê

marsaa boqqoonna

kamyona xwelî

daandii dhorkaa

motorsîklêt

motora

mazot

boba'aa

îstegeha benzînê

buufata boba'aa

tabloya tirafîkê

mallattoo tiraafikaa

hatinûçûn

tiraafika

tirafîk

cuccufaa daandii konkolaataa

cihê parkê

dhaabbii konkolaataa

rawesteka trênê

buufata baburaa

rêç

konkolaataa guddaa

trên

baabura

trênê kolanê

baabura eleektirikaa

erebe

gaarii fardaa

babirok

helikooftara

balafirgeh

buufata xayyaaraa

birc

qooxii

misafir

keessummaa

qûtî

konteenara

qûtî

kaartunii

girgirok

gaarii

selik

qirccaata

rabûn / nîştin

barrisuu / qubachuu

bajar

magaalaa gudaa

gund

araddaa

navenda bajarê

handhuura magaalaa

xanî

mana

sinema
sinimaas

rêklam
dhaadhessuu

çirayê rêyê
ibsaa daandii

CINEMA

rê, kolan
godaanaa

taksî
taksii

dikan
dukkaana isnaakii

peya
lafoo

peyarê
ba'iinsa

çira yên trafîkê
Ibsaatiraafikaa

rêya derbazbûnê
ceetoo

rêya derbazbûnê
ceetoo zabraa

qûtî
balfa

kox
godoo

xanî
diriiraa

rawesteka trênê
buufata baburaa

telara şarevanî
galma magaalaa

mûzexane
muuziyeemii

dibistan
baruumsaa

zanîngeh

yuunivarstii

bank

baankii

nexweşxane

hospitaala

mêvanxane

hoteela

dermanxane

mana qorichaa

ofîs

waajjira

kitêbfiroşî

dukkana kitaabaa

dikan

dukkaana

gulfiroş

gurgurtuu abaabo

bazar

suppar maarkeetii

bazar

gabaa

supermarket

kuusaa dame

masîfiroş

kiyyeessituu qurxxummii

navenda kirrîn

giddu gala gabaa

bender

buufata galaanaa

park

paarkii

sekû

tessoo dalgee

pir

riqica

derince

sibsaabii

jêr erdê

Lafa jala

tunnel

holqa

îstgeha otobûs

buufata konkolaataa

bar

baarii

xwaringeh

mana nyaataa

sindûqa postê

saanduqa poostaa

nîşanderka rêyê

mallattoodaandii

metra parkîngê

idoo dhaabbii konkolaataa

baxça heywanan

dallaa beeladaa

hewza melevanî

haroo daakkaa

mizgeft

masgiida

cotgeh

qonna

lewitandina derdor

faalama

goristan

iddoo awwaalchaa

kenîse

charchii

erdê leyistinê

dirree taphaa

perestgeh

siidaa

tebîet
teechuma lafaa

gela
baala

nîşanderka rê
maxxansa beeksiisaa

rê
karaa

mêrg
huruufa magariisa

kevir
dhakaa

gerok
nama lafoo deemu

dar
muka

çem
laga

giya
mrga

kulîlk
abaaboo

dol
sulula

gir
tabba

gol
hara

daristan
bosona

beyaban
gammoojjii oo;aa

volkan
dhooyinsalafaa

keleh
masaraa

keskesor
sabbata waaqqaa

kivark
jaarsa marqoo

darqesp
muka teemiraa

mixmixk
bookee busaa

mêş
balali'uu

mêrî
mixii

hing
kanniisa

pîrê
sarariitii

kêzik

boombii

beq

hurrii

sihor

shikookkoo

jîjok

xaddee

kerguh

beelada illeentii fakkaatu

pepûk

jajuu

çivîk

simbira

qû

daakkiyyee

berazê kovî

ifaannaa

pezkovî

godaa

pezkovî

godaa ameerikaatti argamu

bendav

riqicha

tûrbîna ba

tarbaayinii buubbee

panela xorê

panaalii soolaarii

av û hewa

haala qilleensaa

berkar
keessummeessaa

pêşek
meenuu

kursî
teessoo

şorbe
saamunaa

pîza
piizaa

çetel û çemçik
katlarii

sifre
uffata minjaalaa

xwarina destpêk

calqabsiisaa

xwarina serekî

madda muummee

şêranî

deezaartii

vexwarinan

dhugaatii

xwarin

nyaata

cam

qaruuraa

xwarina lez

nyaata qophaa'aa

xwarina rêyê

nyaata karaa irraa

çaydanik

markajii shaayii

qûtî şekirê

qodaa shukkaaraa

beş

uwwisa

mekîna çêkirinê espresso

maashina espereessoo

kursiya bilînd

teessoo ol ka'aa

hesab

nagahee

sênî

tirii

kêr

hlbee

çetel

shuukkaa

kevçî

fal'aana

kevçiya çay

fal'aana shaayii

pêşgir

uffrata minjaala nyaataa

qedeh

burcuqqoo

teyfik
diiriiraa

teyfika şorbe
teessoo saamunaa

piyale
teessoo siinii

çênc
sugoo

xwêdank
qodaa sooqiddaa

qûtî bîbar
daaktuu barbaree

sêk
hadhooftuu

rûn
zayita

biharat
qimamii

ketçap
kachappii

mustard
sanaafica

mayonêz
maaynoneezii

pêşkêşên taybet
kenaa addaa

mişterî
maamila

şîremenî
oomish aannanii

erebe
baabura eelektirikaa

fêkî
fuduraa

qesabî

mana foonii

dikana nanpêj

tolchituu

wezin kirin

ulfaatina safaruu

sebze

kuduraa

goşt

foon

xwarinê cemedî

nyaataqorraa

goştê sar

foon qorraa

xwarina pîlê

nyaata samsmaa

xubarê paqijkirinê

oomoo

şirînî

mi'aawaa

berhemên navxweyî

oomisha meeshaa manaa

berhemên paqijkirinê

bu'aa qulqulleessuu

firoşyar

nama gurgurtaa

xeznok

hanga

diravgir

qarshi qabduu

lîsta kirrînê

taree gabaa

demên vekirî

sa'aatii baniinsaas

cizdan

krojoo qarshii kan dhiiraa

kartê qerzê

kireedit kaardii

çewal

korojoo

çente

korojoo pilaastikaa

av

bishaan

şerbet

cuunfaa

şîr

aannani

komir

kookii

şerab

wayinii

bîra

biiraa

alkol

alkoolii

kakwo

kookaa

çay

shaayii

qehwe

buna

espresso

espereesso

kapoçîno

kaappuchuunoo

moz
muuzii

sêv
aappilii

pirteqalî
burtukaana

gundor
meeloonii

lîmon
loomii

gêzer
kaarotii

sîr
qullubbii adii

qamir
leemmana

pîvaz
qullubbii

qarçik
jaarsa marqoo

gewîz
godoo

şihîre
gowwaa

spagêttî

ispaageetii

birinc

ruuza

selete

salaaxaa

çîps

chiipsii

peteteya biraştî

moose affeelamaa

pîza

piizaa

hamburger

hmbargarii

nanok

saanduchii

goştê stûyê berxî

kotaleetii

goştê hişkkirî

foon booyyee kan luka
fuuiduraa

salamê

nyaata mi'eessituu fi
sooggiddan sukkummame

sosîs

sausage

mirîşk

lukuu

bijartin

waaddii

masî

qurxummii

şorbe bilûl

bulluqa aajjaa

mûslî

masliis

kertên gilgilan

fandishaa

ard

daakuu

croissant

kiroosantii

semûn

daabboo-

nan

daabboo

tost

dabboo oo'aa

nanik

buskuuta

nivîşk

dhadhaa

mast

itittuu

kulîçe

keekii

hêk

buuphaa

hêka qelandî

buuphaa affeelamaa

penîr

ayibii

xwarin - nyaata

dondirme
....
aays kireemii

şekir
....
shukkaara

hingiv
....
damma

mireba
....
marmaalaataa

xameya nougat
....
chokkoleetii bittinnaa'aa

kurrî
....
kuurii

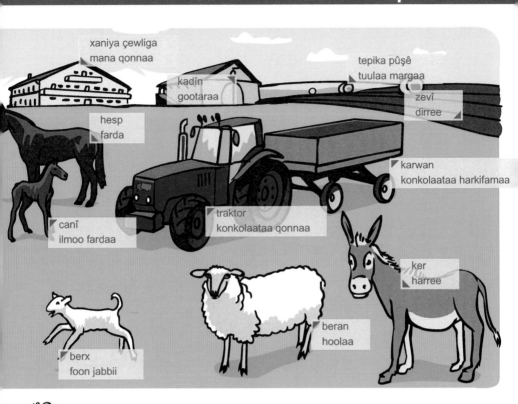

xaniya çewliga
mana qonnaa

tepika pûşê
tuulaa margaa

kadîn
gootaraa

zevî
dirree

hesp
farda

karwan
konkolaataa harkifamaa

canî
ilmoo fardaa

traktor
konkolaataa qonnaa

ker
harree

berx
foon jabbii

beran
hoolaa

bizin	çêlek	golik
ra'ee	sa'a	jabbilee

beraz	xinzîrk	boxe
booyyee	ilmoo booyyee	korma

qaz
ziyyee

miravî
daakkiyyee

cûçik
lukkuu

mirîşk
lukkuu haadhoo

keleşêr
lukkuu kormaa

circ
hantuuta

kitik
adurree

mişk
hantuuta goodaa

ga
qotiyyoo

kûçik
saree

xaniya kûçikê
mana saree

xanî baxê
ujjummoo oddoo

qûtîka avdanê
kan ittin bishaan obaasan

şalûk
haamtuu dheeraa

gasin
qotuu

cotgeh - qonna

das
haamtuu

merbêr
gasoo

darsapik
manshii

bivir
qotoo

destgere
gaarii goommaa

qûtî xwarina candaran
suluula

qûtî şîr
meeshaa aannanii

tûr
keeshaa

çeper
dallaa

axur
tasgabbii

xana kulîlkan
mana biqiltuu

ax
biyyee

dendik
sanyii

peyn
dachee gabbistuu

kombayn
kmbaayinara haamaa

zad
....
haamuu

zad
....
haamuu

petete
....
biqiltuu hundeen isaa
nyaatamu

genim
....
qamadii

fasolî
....
sooy

petete
....
moose

dexl
....
boqqoolloo

dindik
....
raappii siidii

darê fêkî
....
muka fudraa

sêvê bin erdê
....
kzaavaa

zad
....
midhaan biilaa

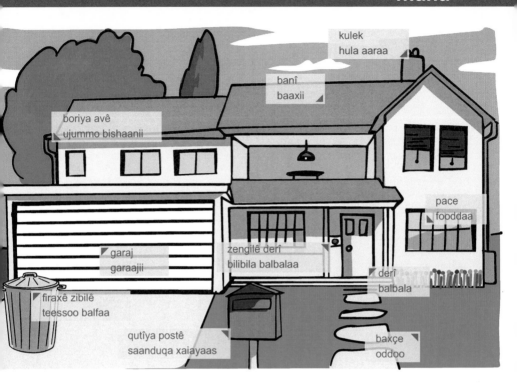

kulek
hula aaraa

banî
baaxii

boriya avê
ujummo bishaanii

pace
fooddaa

garaj
garaajii

zengilê derî
bilibila balbalaa

derî
balbala

firaxê zibilê
teessoo balfaa

qutîya postê
saanduqa xaiayaas

baxçe
oddoo

oda rûniştinê

kutaa jireenyaa

hemam

kutaa dhiqannaa

metbex

mana bilcheessaa

oda xewê

kutaa ciisichaa

odeya zarok

kutaa ijoollee

oda şîvê

kutaa nyaataa

binî
lafa

dîwar
ededaa

berban
baaxii

xenzik
seelaarii

sauna
saawunaa

balkon
baankoonii

berdanik
madaba

hewza melevanî
puulii

çîmen birr
konkoolaataa haamaa

melhefe
ansoolaa

betanî
uffata siree

nivîn
siree

gezik
hartuu

satil
baaldii

kilîl
cufuu

oda rûniştinê
kutaa jireenyaa

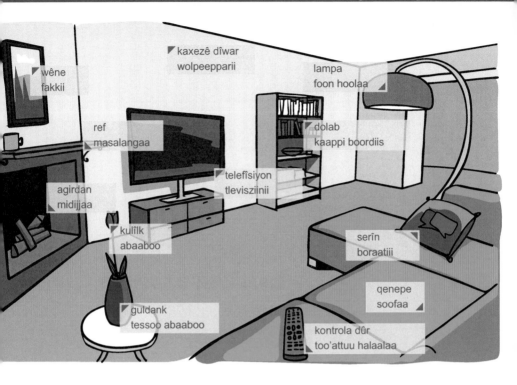

kaxezê dîwar
wolpeepparii

wêne
fakkii

lampa
foon hoolaa

ref
masalangaa

dolab
kaappi boordiis

telefîsiyon
tlevisziinii

agirdan
midijjaa

kulîlk
abaaboo

serîn
boraatiii

qenepe
soofaa

guldank
tessoo abaaboo

kontrola dûr
too'attuu halaalaa

xalîçe

afata

perde

golgaa

mêz

minjaala

kursî

teessoo

kursiya hejanok

teessoo rarra'aa

kursî

teesoo ciqilffannaa

pirtûk

kitaaba

betanî

uffata qorraa

xemilandin

midhagina

êzing

muka qoraanii

fîlm

fiilmii

hi-fi

meeshaa

kilîl

furtuu

rojname

gaazexaa

nîgar

dibuu

poster

barjaa

radyo

reedyoonii

defter

daftara yaadanoo

sivnika elektrîkî

meeshaa eeleektirikaa afata qulqulleessu

kaktûs

laaftoo

mom

dungoo

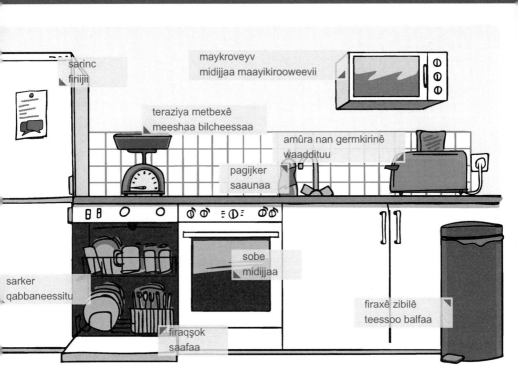

sàrinc
firiijii

maykroveyv
midijjaa maayikirooweevii

teraziya metbexê
meeshaa bilcheessaa

amûra nan germkirinê
waaddituu

pagijker
saaunaa

sobe
midijjaa

sarker
qabbaneessitu

firaxê zibilê
teessoo balfaa

firaqşok
saafaa

sobe
bilcheesssituu

aman
okkotee

amaê ûtû
cast-iron pot

firaqê mezin
sataatee

dîzik
waaddituu

kelînk
markajii

firaqê hilmê

jabala humna urkaa

sênî nanê

tirii bilcheessaa

firaq

bantuu qaruuraa

piyale

geeba

kasik

sayinaa

darê nanxwarin

dibata hidhii

hesk

cilfaa

kevçiya mezin

shuukkaa

rînek

areeda aduurree

kefgîr

dhimbiibduu

bêjing

gingilchaa

rêşker

meeshaa farfartuu

destar

mooyyee

biraştin

waadii abiddaa

agirê vala

midijjaa

texteya birrînê

maktafiyaa

darikê tîrê

martuu

devik badek

bantuu qaruuraa

qûtî

danda'uu

qûtîvekir

banuu danda'uu

cawê amanan

teesoo okkotee

destşo

lixuu

firçe

buruushii

parazoa

ispoonjii

tevdêr

meeshaa waliin makaa

sarkerê cemedî

qabbaneessaa guddaa

şûşe bebikan

xuuxxoo

henefî

ujjuummoo

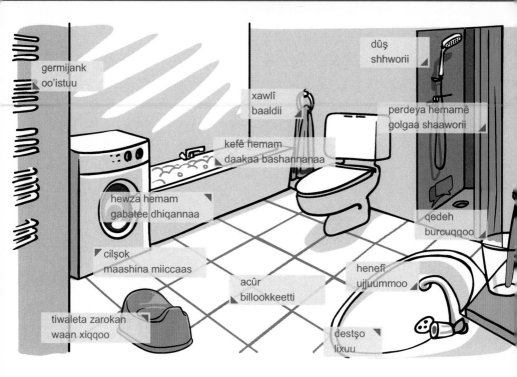

germijank
oo'istuu

dûş
shhworii

xawlî
baaldii

perdeya hemamê
golgaa shaaworii

kefê hemam
daakaa bashannanaa

hewza hemam
gabatee dhiqannaa

qedeh
bûrcuqqoo

cilşok
maashina miiccaas

henefî
ujjuummoo

acûr
billookkeetti

tiwaleta zarokan
waan xiqqoo

destşo
lixuu

tiwalet

mana fincaanii

tiwaleta erdê

mana fincaanii taa'e

tiwalet

saafaa

avdestxana mêran

sahiinaa mana fincaanii

kaxeza tiwalet

sooftii

firşeya tiwalet

burusha mana fincaanii

firçeya diran	mecûna diran	nexa didan
buruushii ilkaanii	saamunaa ilkaanii	soqxuu ilkaanii

şûştin	dûşê destê	dûş
dhiquu	qaama dhiqannaa aadaa	kan dach

destşo	firça pişt	sabûn
sulula	mana dhiqataa	saamunaa

célê hemam	şampo	fanîle
ibata dhiqannaa boodaa	shaampuu	jejuu

zêrab	kirêm	bêhn xweşkir
gogsuu	kireemii	dodoraantii

mirêk

daawitii

mirêka destê

daawitii hrkaa

gûzan

milaacii

kefê teraşînê

dibata areedaas

mecûna piştî teraşînê

diibata areedaa

şeh

filaa

firçe

burusha

por hîşikkir

qoorsituu rifeensaa

sipraya porê

hafuuftuu rifeensaa

kozmetîk

meekaappii

soravk

lippistiikii

rengê nînok

qeessa muculiksituu

pembû

jirbii

meqesta nînok

murtuu qeessa

parfûm

shittoo

40   hemam - kutaa dhiqannaa

çewalê hemamê
korojoo dhiqannaa

kursiya bêpişt
gatteechuma

terazî
iskeelii ulfaatinaa

kinca hemamê
uffata dhiqannaa

lepika lastîkê
guwaantii pilaastikaa

tampon
moodesii

xawliya paqijkirinê
fooxaa qulquulinaa

tiwaleta kîmîyewî
keemikaala mana fincaanii

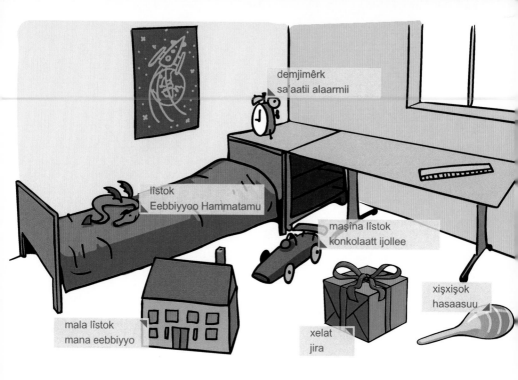

demjimêrk
sa'aatii alaarmii

lîstok
Eebbiyyoo Hammatamu

maşîna lîstok
konkolaatt ijollee

xişxişok
hasaasuu

mala lîstok
mana eebbiyyo

xelat
jira

pifdank

baaloonii

nivîn

siree

koçk

gaarii daa'imaa

lîstika kartê

Minjaala Kaardii

frîzbî

akaafaa

komîk

kofalchiisaa

acûra lêgo

lego bricks

acûra lîstok

dlookii ijaarsaa

bûke şûşe

lakkofsa gochaa

kinca bebikan

guddina daa'imaa

frizbee

saahinaa taphaa

veguhestin

mobaayilii

lîstikên texte

gabatee taphaa

mor

kuubii lakk. 1-6 qabu

modêla trênê

teessuma leenji'aa
modeelaa

memik

fakkii

cejn

afeerrii

kitêba wêne

kitaaba fakii

top

kubbaa

bûke şûşe

eebiyyoo

leyîstin

tapha

kuna xîzê

boolla cirrachaa

colane

hodhuu

lîstokan

eebbiyyoo

lîstika vîdeoyî

konsoli tapha viidyoo

sêçerxe

marsaa sadii

hirça lîstok

eebiyyo hammatamtu

cildank

sanduqaa dhaabbii

kinc

cuufinsa

gore

kaalsii

gore

istookingii

derpêgorê

taayitii

şal
guftaa

çetir
dibaaboo

kiras
qomee

qayiş
qabattoo

pêlavê nav malê
slipparii

şekal
bidiruuwwan

pêlav
leenjitoota

solik
kophee banaa

sol
kophee

potîna çermê
bidiruu pilaastikaa

pantolê jêr
butaantaa

pêsîrbend
harmaa

çekbend
sadariyyaa

cendek

qaama

pantol

kofoo dheeraa

jeans

jiinsii

daman

dalgee

kiras

shamiza

kiras

shurraaba

fanêle

shurraaba

fanêle

haaguuggii jaakkeettii

cakêt

yuunifoormii

sako

jaakkeettii

çaket

kootii

baranî

kafana roobaa

lebas

barsuma

fîstan

wandaboo

cilê dawetê

kafana gaa'ilaa

kostum

kafana guutuu

pêcame

uffata halkanii

pêcame

bijaamaa

saree

wandaboo hindii

leçik

guftaa

mêzer

marata

hêram

burqaa

kaftan

jalabiyyaa

eba

abaya

kinca ajnêkirin

kafana daakkaa

cilka melevanî

mudhii

şort

kofoo gabaabaa

cila hêvojkarî

kafanafgichaa

pêşmal

appiroonii

lepik

guwwaantii

kinc - cuufinsa

dûgme
furtuu

berçavik
burcuqqoowwan

bazin
gumee

gerdenî
amartii

gustîl
qubeelaa

guhark
glii

devik
geeba

hilavistek
fanoo kootii

kûm
qoobii

kirawat
karbaata

zîp
ziippii

serparêz
heelmeetii

derzî
collee

kinca dibistanê
uffata mana baruumsaa

yûnîform
yuunifoormii

kinc - cuufinsa

berdilk
....
kafana gorooraa

memik
....
fakkii

pundax
....
naappii

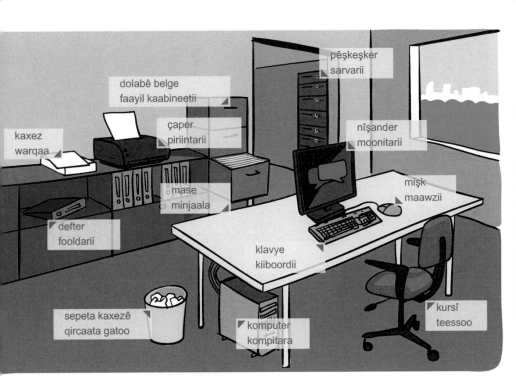

pêşkeşker
sarvarii

dolabê belge
faayil kaabineetii

kaxez
warqaa

çaper
piriintarii

nîşander
moonitarii

mase
minjaala

mişk
maawzii

defter
fooldarii

klavye
kiiboordii

sepeta kaxezê
qircaata gatoo

komputer
kompitara

kursî
teessoo

kasika qehwe
....
siinii bunaa

hesabker
....
herregduu

însternet
....
intarneetii

komputera laptop

lab tooppii

name

xalaya

peyam

ergaa

telefona mobîl

mobbyilii

tor

neetwoorkii

mekîna fotokopî

maashina footokoppii

software

sooft weerii

telefon

bilbila

socketa fîşek

sookkeetii suuqii

mekîna faxê

maashina faaksiis

form

uunkaa

belge

dookimantii

standin

bituu

pere dan

kafaluu

bazirganî

daldaluu

pere

qarshii

dollar

doolaara

yoro

yuroou

yenê Japonê

yen

roblê Rûsî

ruubilii

firankê Swîsê

Farankaa swwiz

yuanê Çînê

yuwaanii reenmiinbii

rûpee Hindî

ruuppee

mekîna jixwebera dirav

kaash pooyintii

ofîsa pere veguhartinê
biiroo de cheenjee

zêrr
warqee

zîv
meeta

neft
zayita

wize
human

biha
gatii

peyman
koontiraata

tax
taaksii

seham
shaqaxa

karkirin
hojjechuu

karker
qacaramaa

karda
qacaraa

fabrîka
faabrikaas

dikan
dukkaana

polîs
qondaala foolisii

agirkuj
hojetaa balaa abiddaa

aşbaz
bilcheessituu

bijîşk
doktora

firokevan
paayileetii

baxçevan
waardiyyaa

necar
ogeessa mukaa

dirûnvan
ooftuu jabalaa

hakim
abbaa seeraa

şîmyazan
keemistii

şanoger
ta'aa

şufêrê basê
konkolaachisaa

şufêrekî taksiyê
konkolaachisaataaksii

masîvan
qurxumii kiyyeessaa

pagijker
qulqulleessituu

çêkirê banî
hojetaa baaxii

berkar
keessummeessaa

nêçirvan
adamisituus

rengrês
halluu dibduu

nanpêj
tolchituu

karebavan
elektrishaana

avaker
ijaaraa

endezyar
injinara

qesab
mana foonii

lûlekar
hjjetaa ujummoo

postevan
poostaa geessituu

esker
....
raayyaa

mîmar
....
arkteektii

diravgir
....
qarshi qabduu

firotkara çîçekan
....
abaaboo gurgurtuu

porçêker
....
dabbasaa murtuu

ajovan
....
kondaaktara

mekanîk
....
makaanika

keştîvan
....
kaappiteenii

pizîşka didanan
....
hakiima ilkee

zanistyar
....
saayntiistii

rûhan
....
rabbi

îmam
....
imaama

keşe
....
moloskee

keşîş
....
luba

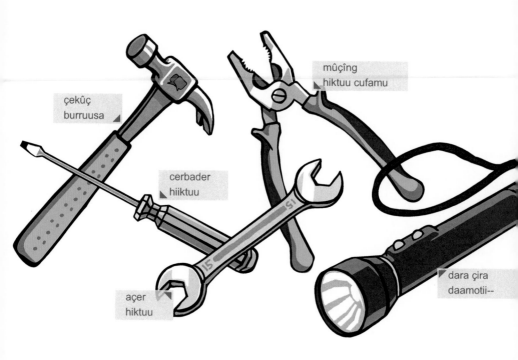

çekûç
burruusa

mûçîng
hiktuu cufamu

cerbader
hiiktuu

açer
hiktuu

dara çira
daamotii--

şofel

gasoo

qûtiya amûran

saanduqa meeshhalee

peyje

kortoo

mişar

magaazii

mîx

bismaara

qulkirin

diriilii

çêkirin
suphuu

merbêr
akaafaa

nalet!
dhaabi

bêl
gataa balfaa

qûtiya rengê
qodaa haalluu

cerr
hiktuu

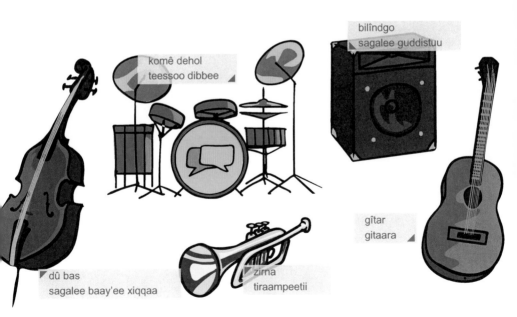

komê dehol
teessoo dibbee

bilîndgo
sagalee guddistuu

gîtar
gitaara

dû bas
sagalee baay'ee xiqqaa

zirna
tiraampeetii

piyano
piyaanoo

viyolîn
vaayoolinii

bas
sagalee xiqqaa

dehol
timpaanii

dahol
dibbee

keyboard
kiiboordii

saksofon
saaksi foona

bilûr
ulullee

mîkrofon
may craafoona

amûrên mûzîkê - meeshaalee muuziqaa

piling
qeerreensa

navder
seensa

qefes
garondoo

kerê çiya
hare diidoo

xwarina heywan
soorata beeladaa

panda
paandaa

heywan

beeladoota

fîl

arba

kangarû

kaangaaroo

kerkeden

warseesa

gorîl

jaldeessa guddaa

hirç

godaa

hêştir

gala

hêştirme

guchii

şêr

leenca

meymûn

jaldeessa

flamîngo

fiilaamingoo

papaxan

simbira dubbattu

hirça cemserî

diibii poolarii

penguîn

peengyuunii

semasî

shaarkii

tawûs

piikookii

mar

bofa

timsah

qocaa

parêzera baxça ajalan

eegaa zoo

seya derya

chaappaa

piling

sanyii qeerensaa

hesp

farda gabaabduu

piling

sanyii qeerrensaa

hespê rûbar

roobii

canhêştir

sattaawwaa

helo

culullee

berazê kovî

ifaannaa

masî

qurxummii

kûsî

qocaa galaanaa

walras

beelada bishaan keessaa

rovî

sardiida

xezal

godaa

fûtbolê Amerîka
kubbaa miilaa ameerikaa

bisiklêtan
dargmmii bishkilileettaa

tenîs
teenisa

baskêtbol
kubba kaachoo

avjenîkirin
bishaan daakkaa

boxing
aboottoo

hokeya ser cemedê
sigigoo cabbie

fûtbol

kubbaa miilaa

badminton

baadmentanii

yê atletîzmê

atileetii

hendbol

kubba harkaa

befirajotin

skiing

polo

pooloo

hilpeke
utaalcha

kenîn
kolfa

hembêz
hammachuu

birêveçûn
deemuu

lawjê gutin
sirbuu

xewn dîtin
abjuu

nimêj kirin
kadhannaa

maçkirin
dhungoo

nivîsandin

barreessuu

nîgar kêşan

fakkii kaasuu

nîşan dan

agrsiisuu

paldan

dhiibuu

dayîn

kennuu

rakirin

fudhachuu

heyîn

qabaachuu

kirin

gochuu

bûn

ta'uu

sekinîn

dhaabbachuu

bazdan

kaachuu

kişandin

harkisuu

avêtin

darbachuu

ketin

kufuu

derew kirin

soba

sekinîn

eeguu

guhêztin

baachuus

rûniştin

taa'uu

cil berkirin

uffachuu

razan

rafuu

rabûn

dammaquu

mêze kirin

ilaaluu

girîn

iyyuu

celte

dhiibbaa dhiigaa

şe kirin

filuu

peyvîn

haasa'uu

famkirin

hubachuu

pirskirin

gaafachuu

bihîstin

dhggeeffachuu

vexwarin

dhuguu

xwarin

nyaachuu

kom kirin

ol kaasuu

hezkirin

jaalala

xwarin çêkirin

bilcheessuus

ajotin

oofuu

firrîn

barrisuu

kesştîvanî

jabalan

hesibandin

heerregii

xwandin

dubbisuu

hînbûn

baruumsa

karkirin

hojjechuu

zewicîn

fuudha

dirûtin

hodhuu

didan şûtin

ilkaan rigachuu

kuştin

ajjeecha

dûxan

xuuxuu

şandin

erguu

çalakiyan - sochii

raa haadhaa

bapîr
akaakayyuu karaa abbaa

bav
abbaa

dê
haadha

bebek
daa'ima

keç
intala durbaa

kur
ilma dhiiraa

mêvan

keessummaas

met

adaadaa

ap/xal

eessuma

bira

obboleessa

xwişl

obboleettii

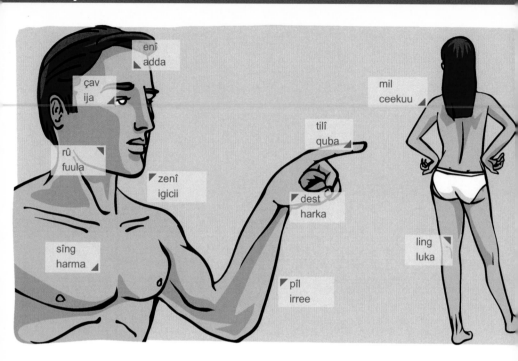

enî
adda

çav
ija

mil
ceekuu

tilî
quba

rû
fuula

zenî
igicii

dest
harka

sîng
harma

ling
luka

pîl
irree

bebek

daa'ima

mêr

nama

jin

dubartii

keç

durba

kor

mucaa

ser

mataa

pişt

duuba

zik

godhami

navik

belly button

tilîya pê

qubq miilaa

panî

koomee

hestî

lafee

kûlîmek

dirra

jûnî

jilba

enîşk

ciqilee

difn

fuunyaan

qûn

jala

çerm

gogaa

rû

boqoo

gûh

gurra

lêv

hidhii

dev
afaan

diran
ilkee

ziman
arraba

mêjî
sammuu

dil
onnee

masûl
fon irree

cîgera spî
somba

ceger
tiruu

made
garaacha

gûrçikan
kaleewwan

cotbûn
wal qunnamitii saalaa

kondom
kondomii

hêk
buphaa dubartii

tov
mi'oo

dûcanî
ulfa

ade
laguu ji'aa

qûz
buqushaa

kîr
tuffee

birû
laboobbaa ijaa

por
rifeensa

hûstû
morma

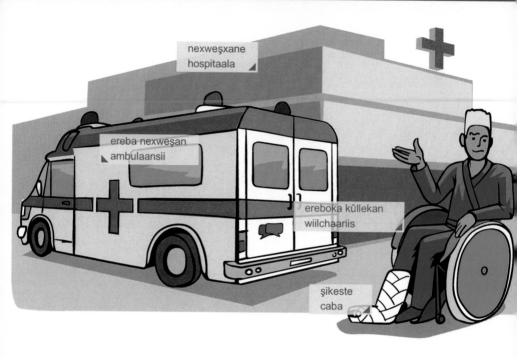

nexweşxane
hospitaala

ereba nexweşan
ambulaansii

ereboka kûllekan
wiilchaariis

şikeste
caba

bijîşk

doktora

oda lezgînê

kutaa hatattamaa

nexweşyar

narsii

acîlîyet

hatattama

bêhay

kan hin dammaqin

êş

dhukkubbii

birîn
miidhhaa

xwînpijan
dhiiguu

hêrişa dilî
dhukkuba onnee

celte
baay'ina dhiigaa

alerjî
hooqxoo

kuxik
qufaa

ta
oo'aa qaamaa

zikam
qufaa

navçûyin
baasaa

serêş
bowoo mataa

qansêr
kaansarii

nexweşiya şekirê
dhibee sukkaaraa

emelîkar
baqaqsanii hodhuu

skalpêl
halbee

emelî
hojii

CT
....
CT

sûretê rontgên
....
raajii

ûltrasawnd
....
aaltraasaawandii

maskê rûyê
....
haguuggii fuuiaa

nexweşî
....
dhukkuba

oda sekinînê
....
kutaa haar galfii

goçan
....
hirkannaa

şêl
....
pilaastara

paçê birînpêçanê
....
baandeejii

derzî
....
limmoo waraanuu

bîstoka pizîşkî
....
isteetskooppi

darbest
....
siree dhukkubsataa

têhnpîva klînîkê
....
termoo meetira klinikaa

zayîn
....
dhaloota

qelew
....
ulfaatinaa ol

alîkariya bihîstinê

gargaaraa dhageettii

bakterîkuj

qoricha aramaa

kotîbûn

miidhama keessaa

vîrûs

vaayirasa

HIV / AIDS

ECH AAIVII / EEDSII

derman

qoricha

kutan

talaallii

heban

kiniinii

heb

kiniinii

lezgîn

waamicha hatattamaa

dîmenderê pesto xwîn

too'attuu dhiibbaa dhiigaa

nexweş / sax

dhukkuba / fayyaa

Hewar!

gargaarsa!

alarm

alaarmiis

êrîş

weerara

êrîşkirin

miidhuu

talûk

suukaneessaa

derketina acil

baha hatattamaa

agir!

abidda

agir vemirandinê

abidda dhaamisituu

qeza

balaa

aletên alîkariya yekem

saanduqa gargaasa
calqabaa

SOS

Sii'oosii

polîs

foolisii

Ewropa
....
awurooppaa

Amerîkaya Bakûr
....
ameerikaa kabaa

Amerîkaya Başûr
....
ameerikaa kibbaa

Afrîka
....
afrikaa

Asya
....
eesiyaa

Awustralya
....
awustraaliyaa

Atlantîk
....
atilaantik

Okyanûsa Mezin
....
paasfiik

Okyanûsa Hindî
....
galaana hindii

Okyanûsa Antarktîka
....
galaana antaartikaa

Okyanûsa Arktîk
....
galaana arkitiik

Cemsera Bakûr
....
polii kaabaa

Cemsera Başûr
polii kibbaa

Antarktîka
antaartikaa

erd
dachee

ax
dachee

behir
garba

dûrge
odola

milllet
lammii

welat
kutt biyyaa

rûyê saet

clock face

nişanderka demjimêr

sa'aatii kana

nişanderka deqe

daqiiqaa kana

nişanderka saniye

moofaa

Seet çende?

yeroon meeqa ta'ee?

roj

guyyaa

dem

yeroo

niha

amma

saetê dicîtal

sa'aatii diiskoo

deqe

daqiiqaa

seet

sa'aatii

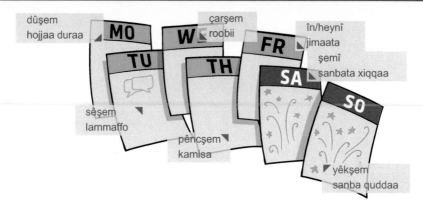

dûşem
hojjaa duraa

çarşem
roobii

în/heynî
jimaata
şemî
sanbata xiqqaa

sêşem
lammaffo

pêncşem
kamisa

yêkşem
sanba quddaa

duh
....
kaleessa

îro
....
har'a

sibey
....
boru

sibe
....
ganama

nîvro
....
guyyaa qixxee

êvar
....
galgala

rojên karê
....
guyyaa hojii

dawiya hefte
....
dhuma forbee

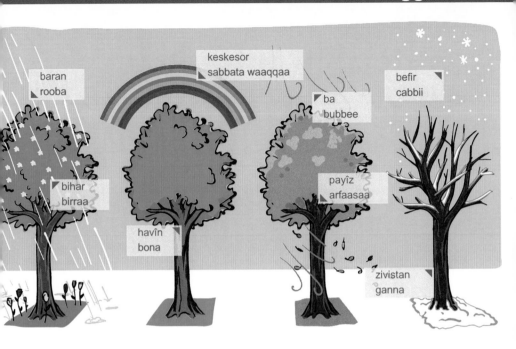

baran
rooba

keskesor
sabbata waaqqaa

ba
bubbee

befir
cabbii

bihar
birraa

payîz
arfaasaa

havîn
bona

zivistan
ganna

4.APRIL	11°	☀
5.APRIL	4°	🌦
6.APRIL	13°	🌦
7.APRIL	8°	☀
8.APRIL	10°	☀

pêşbîniya hewa

raaga haala qileensaa

tehnpîv

teermoomeetirii

tav

baha aduu

hewr

duumessa

mij

hurii

hêmî

jiidha

birq
bakakkaa

brûsk
balaqqee

tofan
dirrisa

terg
cabbii

mansûn
monsoon

lehî
lolaa

cemed
cabbie

rêbendan
Amajjii

reşeme
Gurraandhala

newroz
Bitootessa

gulan
Eebila

cozerdan
Caamsaa

pûşper
Waxabajji

gelawêj
Adooleessa

xermanan
Hagayya

rezber
....
Fulbaana

kewçêr
....
Onkololeessa

sermawez
....
Sadaasa

befranbar
....
Muddee

şêwe
boca

çember
....
geengoo

çarçik
....
isqeerii

çarqozî
....
rog arfee

sêqozî
....
rg sadee

qada
....
molaalee

xiştek
....
kuubii

rengan
haluuwwan

sipî
....
adii

zer
....
boora

pirteqalî
....
keelloo

pembe
....
boorilee

sor
....
diimaa

mor
....
bunnii

şîn
....
cuqliisa

kesik
....
magariisa

qehweyî
....
magaala

gewr
....
bulee

reş
....
gurraacha

zor / kêm
baay'ee / xiqqoo

bi hêrs / bêdeng
aara / gammachuu

bedew / nerind
bareeda / fokkuu

destpêk / dawî
calqaba / xumuura

mezin / biçûk
guddaa / xiqqaa

ronî / tarî
ifa / dukkana

brak / xwişk
ɔbboleessa / obboleettii

pagij / girêj
qulqulluu / xurii

tevî / netemam
xumuuramaa / kan hin
xumuuramin

roj / şev
guyyaa / halkan

mirî / zindî
du'aa / jiraa

fire / teng
bal'aa / dhiphaa

xweş / nexweş

kan nyaatamu / kan hin nyaatamne

nebaş / baş

badd / gaarii

bi heyecan / aciz

gammachuu / ifannaa

qelew / zirav

furdaa / qal'aa

yekemîn / dawîn

calqaba / dhuma

heval / dijmin

michuu / diina

tijî / vala

guutuu / duwwaa

req / nerm

sakoruu / lalllaafaa

giran / sivik

ulfaataa / salphaa

birçî / tînî

beeluu / dheebuu

nexweş / sax

dhukkuba / fayyaa

neqanûnî / qanûnî

seer malee / seera qabeessa

rewşenbîr / balûle

gaanfuree / dabeessa

çep / rast

bitaa / mirga

nêzî / dûr

maddii / fagoo

nû / bikarhatî

haara'a / moofaa

hîç / tiştek

homma / waan tokko

kal / ciwan

jaarsa / dargaggeessa

li / ji

ibsuu / dhaamsuu

vekirî / girtî

banuu / cufuu

aram / dengbilind

callisuu / sagalee olkaasuu

dewlemend / reben

sooressa / hiyyeessa

rast / şaş

sirrii / dogongora

dirr / hilû

sokorruu / lallaafaa

xemgîn / şa

aara / gammachuu

kurt / dirêj

dheeraa / gabaabaa

hêdî / zû

qususaa / collee

şil / ziwa

jiidhaa / goggogaa

germ / hênik

oo'aa / qorraa

şerr / aşitî

lola / nagaa

0

sifir
duwwaa

1

yek
tokko

2

dû
lama

3

sê
sadis

4

çar
afur

5

pênc
shan

6

şeş
jaha

7

heft
torba

8

heşt
saddeet

9

neh
sagal

10

deh
kudhan

11

yazde
kudha tokko

12	**13**	**14**
dazde	sêzde	çarde
kudha lama	kudha sadi	kudha afur

15	**16**	**17**
pazde	şazde	hefde
kudha shan	kudha jaha	kudha torba

18	**19**	**20**
hejde	nozdeh	bîst
kudha saddeet	kudha sagal	diigdama

100	**1.000**	**1.000.000**
sed	hezar	milyon
dhibba	kuma	maliyoona

Inglîzî

Ingiliffa

Inglîziya Amerîkî

Ingiliffa Ameerikaa

Çînî Mandarîn

Mandarinii chaayinaa

Hindî

Afaan Hindii

Îspanyolî

Afaan Speen

Frensî

Afaan Faransaay

Erebî

Afaan Arabaa

Rûsî

Afaan Raashaa

Portugalî

Afaan Poortugaal

Bengalî

Afaan Beengaal

Elmanî

Afaan Jarman

Japonî

Afaan Jaappaan

min
....
ana

tu
....
si

ew / ev / ew
....
isa / ishii / isa / wantootaf

em
....
nu'ii

tu
....
isin

ew
....
isan

kî?
....
eenyuu?

çi?
....
maal?

çawa?
....
akkamitti

kû?
....
eessa?

kengî?
....
hoom?

nav
....
maqaa

piştî
duuba

li
keessa

pêşî
fuldura

ser
irra

ser
gubbaa

bin
jala

kêlek
maddii

navber
gidduu

cih
bakkee